JEAN DUVAL

16989

(2.)

Mars n'est plus armé que de fleurs
ou s'il porte encor d'autres armes
Son Bouclier n'a plus que des Charmes
et sans parer aux Coups est Vtile aux Vainqueurs

Colin f

RECUEIL
DES PIECES
QUI SE SONT FAITES
POUR LE
PRIX GENERAL
RENDU A REIMS
& tiré le 15. Juin, l'An 1687.

A REIMS;
Chez JEAN LELORAIN, Imprimeur & Marchand Libraire
vis-à-vis la Poiſſonnerie.

LETTRE CIRCULAIRE.

MESSIEURS,

L'étroite union qu'une amitié sincere a formée entre nous depuis tant de tems, nous engage aujourd'huy à vous faire part de la grace que SA MAIESTÉ vient de nous acorder par ses Lettres Patentes, comme il ne nous sçauroit ariver aucun bonheur qui ne rejalliffe en même tems sur vous, & que vous n'ayez droit pour ainsi dire de nous en demander le partage, nous n'avons pas voulu differer plus longtems à vous donner avis de celuy qui doit établir cette année dans nôtre Ville le PRIX GENERAL, nous esperons qu'il sera d'autant plus solemnel & agreable à tous les Corps qu'il reunira les Provinces qui avoient été separées dans les autres Villes, & qu'il ne fera qu'un Bouquet de ceux de Vitry & de Sezanne; Nous ne sçaurions cependant vous exprimer les transports de joye que nous ressentons par avance de l'honneur que vous devez nous faire en vous y rendant, & nous sommes dans des impatiences continüelles de voir arriver ce tems heureux de vous envoyer le Mandat; c'est là où nous nous reservons à vous rendre ce qui nous reste de dévoir, & de civilité en cette occasion, vous assurant que nôtre bonheur ne sçauroit estre parfait ny veritable que quand nous aurons l'avantage de vous embrasser & de vous faire conoître avec combien de zele & d'inclination nous sommes,

MESSIEURS,

Vos tres-humbles & tres-obeïssans
Serviteurs les Capitaine, Roy,
Lieutenant, Enseigne, Officiers,
& Chevaliers de l'Arquebuze
de Reims.

A Reims ce 20.
Février 1687.

LETTRE
DU MANDAT
ENVOYE'E A TOUTES
LES VILLES DE FRANCE.

PAR PERMISSION
DU ROY.

MESSIEURS,

*Il ne s'eſt jamais preſenté d'occaſion de vous inviter ny plus
agreable ny plus éclatante que celle-cy: Il y a du plaiſir à vous
témoigner l'ardeur que nous avons de vous recevoir dans vne
Ville que vous avez choiſie pour être l'illuſtre carriere de vôtre*

adreſſe : Il y a de l'éclat à vous offrir des Couronnes dans le lieu même où nos R O Y S ſe font honneur d'être couronnez ; C'eſt d'ailleurs un double P R I X que nous vous propoſons par la reünion des Bouquets de Vitry & de Sezane ; & nous vous le propoſons ſur tout en une année que le parfait rétabliſſement de la Santé du R O Y a renduë fameuſe, & que les Peuples à l'envy ont conſacrée par toutes les marques de réjoüiſſance. Comme il n'eſt point de compagnies, M E S S I E U R S, qui aient plus de raport aux inclinations heroïques de L O U I S L E G R A N D & plus de part à ſes faveurs que les nôtres, il n'en eſt point auſſi qui doivent être plus ſenſibles à la conſervation de ſon Auguſte Perſonne, & qui ſoient plus obligées d'en renouveler la joie publique ; c'eſt pour cela que nous avons pris le glorieux deſſein d'ériger une Statuë à S A M A I E S T E' dans le lieu de nos exercices ordinaires, afin de dreſſer un Monument éternel à ſa gloire, & de marquer à toute la Terre que nous ne manions les Armes que pour ſon ſervice, & qu'il eſt l'ame & le ſujet de toutes nos feſtes. C'eſt un deſſein hardi qui merite cependant vos approbations, puiſque noſtre Grand Monarque a bien daigné l'approuver luy-même. Entrez donc dans nos ſentimens, M E S S I E U R S, & partageans nos obligations, partagez également le Zele avec lequel nous eſſayons de nous en acquiter ; la pompe ſera d'autant plus grande que vous nous honorerez de vôtre preſence en plus grand nombre ; tous les coups que vous tirerez ſeront autant de feux de joie que vous allumerez en une ſi belle occaſion. Nous vous invitons pour le quinziéme Iuin de cett année mil ſix cens quatre-vingt ſept, mais l'honneur qui vous attend, les couronnes en main, vous invite encor & vous preſſe plus fortement que nous ; il vous promet de toutes les Provinces des témoins en foule, qui joindront leur voix aux nôtres pour applaudir à vos victoires. *Que les chaleurs de la faison ne vous rebutent point*; outre qu'il est glorieux à des combatans d'être couverts de poudre & de fueur, nous chercherons tous les moyens possibles pour vous en adoucir les incommoditez : Nous avons confervé les glaces de l'Hyver pour moderer les ardeurs de l'Eté; nos Vins également frais & delicieux pourront vous defalterer avec plaifir ; nous éleverons par tout des Arcs de triomphe pour vous recevoir & vous couvrir; vous aurez le front ombragé de Palmes & de Lauriers qui en vous couronnant, vous feront un abry commode & propre à des Victorieux: Enfin nous n'épargnerons rien pour vous plaire pendant le fejour que vous ferez à Reims, où nous vous attendons avec une impatience égale à l'inclinations avec laquelle nous fommes,

MESSIEURS,

Vos tres-humbles, & tres-obeïfans Serviteurs & Confreres, les Capitaine, Roy, Lieutenant, Enfeigne, Officiers & Chevaliers du Noble Ieu de l'Arquebuze de Reims.

Réponse, s'il vous plaît par laquelle nous puiffions fçavoir en quel nombre vous viendrez, afin de prendre nos mefures pour vous loger commodement.

A Reims ce
Avril 1687.

CONDITIONS
SOUS LESQUELLES
LE PRIX GENERAL
SERA TIRE.

REMIEREMENT , fera tiré à bras étendu, & toutes Arquebuzes feront reçûës, excepté les rayées par dedans le canon, & qui n'auront la visiere auprés de la culasse, laquelle aura l'esclavette percée d'un trou feulement au bout de la visiere.

I I. Le Chevalier qui aura fait un coup à prendre échantillon ne bougera du placet, & fera tenu de pofer fon Arquebuze fur le chevalet, & d'attendre les Officiers ou Deputez, pour porter fon Arme, ou celuy qui fera porteur d'échantillon, en prefence duquel il poura porter fon Arquebuze aux Prefidens ou Deputez pour eftre vifitée, à peine de la perte du coup.

I I I. Pouront tous Chevaliers charger leur Arquebuze en l'abfence des Deputez d'une balle feule, en cas qu'il en foit reconnu deux le coup fera nul.

I V. L'ordre pour tirer fera fait au billet, & pour y
continuer

continüer fans intermiſſion, feront les Compagnies tenuës de fe rendre au chevalet prêtes à tirer felon leur rang, feront appellées à peine contre les abfens de là perte de leur coup, & fera l'ouverture faite par chacun jour à fix heures du matin, pour tirer fans intermiſſion jufqu'à fept heures du foir.

V. Pour éviter le retard, & empécher l'abus qui s'eſt commis en plufieurs Prix, ne fera permis à aucun Chevalier de fe repofer plus de deux fois, aprés lefquelles fi l'Arquebuze vient à manquer deux autres fois le coup fera perdu, & fi fans fe repofer elle vient à manquer trois fois feu ou non feu, le coup fera auſſi perdu.

VI. Si l'Arquebuze d'un Chevalier difpofé à tirer lache fon coup, en relevant ou baiſſant, bien qu'il ne l'aye couchée en joüe, fon coup fera perdu.

VII. Le Prix fera tiré à deux Butes en quatre Altes, l'une dans le Jardin, & l'autre au choix des Compagnies aſſemblées, à chacunes d'icelles il y aura vingt Prix, pour les vingt plus prêts coups de chacune planche, le Chevalier qui aura fait un defdits vingt coups emportera pour luy une cuilier de la valeur de cent fols.

VIII. La premiere Alte êtant tirée la délivrance des prix fera faite auſſi-tôt par les Deputez & cependant fi-tôt que les coups feront faits, fera pris échantillon par les Deputez qui n'y auront intereſt, en préfence de quelqu'un du party de celuy qui aura fait le coup, avec défence de toucher ny au coup ny à la broche à peine de la perte du coup, lequel échantillon fera coupé en deux pour être donné moitié au Chevalier qui aura fait le coup, & l'autre moitié reſtera au Greffe, ayant

B

esté auparavant enregistré sur le contrôlle, pour estre représenté à la fin de chacune Alte, & les vingt plus préts coups de la broche seront arrêtez par les Deputez; & seront les échantillons pris sur le blanc (au plus prés de la broche) pendant qu'il sera encor attaché à la Bute.

IX. S'il se fait plus d'un coup de broche, le Chevalier dont la balle aura le premier touché la broche, aura le principal Prix, & les autres ensuite sans distinction de haut, bas, côté droit & gauche; le premier qui aura plombé la broche, la planche luy sera délivrée immediatement aprés le coup, & sera portée une autre planche pour continüer la Alte.

X. Pour éviter les differens des coups égaux, le dessus emportera le dessous, le dessous le costé droit, le costé droit le gauche (excepté és coups de broche pour lesquels l'article precedent sera gardé) pour regler les hauts, bas, droit & gauche, seront écrits sur le Contrôlle : Neantmoins si deux coups se font au mesme endroit sans que l'on puisse y remarquer aucune inegalité, si lesdits coups sont les derniers le Prix se partagera par moitié.

XI. Tous Officiers Deputez & Chevaliers ayant interest au raport d'un échantillon, qui se fera en la présence des Deputez, seront obligez de se retirer, & ne pouront estre présens au jugement de leur coup, aprés toutes fois avoir esté sommairement oüis par ceux qui en demeureront les Juges, à peine de la perte des coups.

XII. Et pour prononcer sur les articles cy-dessus, & autres difficultez qui pouroient survenir concernant ledit Prix, seront les Presidens, & les Deputez seuls Juges aufquels toutes les Compagnies convoquées feront tenuës faire foûmiffion par leurs Deputez , entre les mains des Officiers du lieu où fe tient l'affemblée.

XIII. S'il arrive qu'une Compagnie vienne aprés que les billets auront été tirez , ladite Compagnie fera reçuë à tirer à la fin de la Alte , & ainfi des autres qui fe feront préfentées , comme auffi tous chevaliers venans dans les Altes en payant le Prix entier , à la charge neantmoins qu'ils ne le pourront qu'à la fin de la Alte en laquelle ils viendront , à moins qu'ils ne foient enregiftrez fur le Contôlle des Liftes , auparavant que les Compagnies ayent tiré , auquel cas ils feront incorporez dans icelles pour tirer à leur tour , & les Liftes qui feront données ne pouront eftre revoquées , & feviront de Promeffe , lefquelles feront fignées par les Officiers ou Deputez.

XIV. Ne pouront aucunes Villes ny Compagnies pretendre d'élire aucun Deputé fi elles ne compofent quatre Chevaliers , auquel cas elles pouront avoir un Deputé , celles qui compoferont dix Chevaliers en pouront avoir deux , celles qui compoferont vingt chevaliers trois , & en augmentant de dix en dix , un Deputé , pour la facilité des deux Butes , à chacun defquels fera donné une Medaille d'argent de l'image du ROY , de la valeur de quarante fols , laquelle lefdits Deputez feront tenus de porter par tout , pour marque de leur Deputation , fans qu'iceux Deputez ny autres chevaliers puiffent porter le Hauffe-col , qui eft une marque d'Officier , fur peine d'amende arbitraire.

XV. Et ne pourront lefdites compagnies tirer au

billet defdits Prefidens qu'elles n'ayent un Officier à leur tefte, & qu'elles ne foient au nombre de huit chevaliers & au deffus.

XVI. A chaque planche fera fait un prefent à celuy qui aura fait le plus beau coup d'un verre ou taffe d'argent de la valeur de trente livres, au lieu de la levée ordinaire de cent fols, excepté que celuy qui aura fait le premier coup de broche, au lieu d'un verre d'argent aura une épée de la valeur de foixante-quinze livres.

XVII. Tous capitaines, Lieutenans & Enfeignes portans le Hauffe-col feront reputez Deputez & les Prefidens tirez aux billets comme dit eft, le capitaine de cette Ville de Reims fera le premier Prefident ainfi qu'il a efté arrefté.

XVIII. Tous Pointeurs d'armes, Butiers, canoniers, Armuriers & autres travaillans aux Armes ne feront admis à tirer audit Prix.

XIX. Les compagnies fe rendront en cette Ville le quatorziéme Juin mil fix cens quatre-vingt-fept, pour tirer au Billet ledit jour, tant pour les rangs de la Proceffion du lendemain matin, Montre du mefme jour de relevée, & du Tirage le jour fuivant dés les fix heures du matin, eftant à croire que le coup du Roy fe tirera dés ledit jour incontinent aprés ladite Montre faite.

XX. Le Greffier du Jardin fera l'exercice de Greffier, à la charge que les écantillons des coups faits par la compagnie de Reims ne pourront eftre par luy marquez, & les échantillons de leurs coups feront gar-

dez par un autre chevalier nommé par les Prefidens &
Deputez.

XXI. Noſtre ʙute à de longueur cinquante - deux
toiſes & demie, avec trois défences, la premiere où eſt
une embraſeure, diſtante du Tirage de quatre toiſes &
demie ; la feconde où eſt une ovalle , diſtante de la
premiere ſix toiſes , que l'on ne peut oſter attendu la
diſpoſition de la ʙutte, la troiſiéme de la feconde qua-
torze toiſes deux pieds, & le reſte juſques au Noir de
vingt - ſept toiſes quatre pieds : Le Noir eſt de trois
pouces de diamettre.

XXII. Quant aux Prix, ils feront égaux fur les quatre Planches, & fe trouveront monter à la fomme de trois
mille livres chacune.

DECLARATION DES PRIX.

QUATRE PLANCHES
Dont chacune est de vingt Prix, Sçavoir,

I.	UN Bassin rond, de	300. liv.
I I.	Un Bassin rond,	280.
III.	Six Assietes,	260.
I V.	Un Bassin rond,	240.
V.	Quatre Flambeaux,	225.
V I.	Un Bassin rond,	205.
V I I.	Trois Flambeaux,	185.
V I I I.	Une Eguiere,	165.
I X.	Une Eguiere découverte à la mode,	150.
X.	Deux Flambeaux à la mode,	140.
X I.	Deux Chandeliers,	130.
X I I.	Quatre Salieres à la mode,	120.
X I I I.	Un Pot à eauë,	110.
X I V.	Deux petits Flambeaux de Cabinet,	100.
X V.	Une Ecuelle couverte,	90.
X V I.	Deux petits Chandeliers à la mode,	80.
X V I I.	Une Ecuelle couverte,	70.
X V I I I.	Un Sucrier,	60.
X I X.	Deux Tasses à deux ances,	50.
X X.	Uue Ecuelle,	40.
		3000.

Fait & arrété en la Chambre du Conseil du Château de la Compagnie des Arquebuziers de Reims, le dix-neuviéme Avril 1687.

AU ROY
SUR LA STATUE
QUE LES CHEVALIERS
ONT ERIGE'E
POUR TEMOIGNER LA JOYE
QU'ILS ONT DU RETOUR
DE SA SANTE'.

TANDIS que ton grad Nom vole jusqu'en Asie
   Que l'Affrique à tes pieds apporte ses tribus,
Que ton zele discret foudroyant l'Heresie,
La force en mille endroits, d'abjurer ses abus.

L'Europe en même temps, d'étonnement saisie,
Ne sçauroit t'empêcher d'adorer tes vertus;
Et nos fiers Ennemis, malgré leur jalousie,
Admirent en tremblant cent Monstres abbatus.

Le Ciel en prolongeant le cours de tes années,
Prend aussi bien que Nous part à tes destinées,
Et promet à ton Regne un sort touûjours constant.

Nous allons seconder ses Desseins pour ta Gloire,
S'il exauce nos vœux, tu dureras autant
Que ce Marbre qui doit conserver ta Memoire.

AU ROY
SUR SA STATUE
ERIGE'E DANS LE JARDIN
DE   L'ARQUEBUZE.

DEVISE.

Le Soleil entrant dans le ſigne du Sagittaire, avec
ces mots pour l'ame de la Deviſe.

HOSPITIVM ILLVSTRAT.

PAR tout le long de ſa carriere
Sans perdre ſon éclat, repandant ſa lumiere,
Sa preſence en toutes ſaiſons
Fait l'ornement des celeſtes maiſons;

C

C'eſt ainſi qu'avec pompe entrant au Sagittaire,
    Il y porte avec ſoy le jour,
    Et par un bien-fait ordinaire,
Il éclaire en entrant le lieu de ſon ſejour.
    GRAND ROY c'eſt là nôtre avantage,
    Qu'en voyant icy ton Image.
Ce Jardin devenu plus charmant & plus beaû.
Reçoit de ta preſence un éclat tout nouveau.

LA Statuë que la Compagnie a ergée à LOUIS LE GRAND, eſt poſée dans le fond de la grande Allée du Jardin, ſur un Piédeſtal à quatre faces.

Sur la premiere eſt un Hercule, pour ſignifier que le ROY a exterminé de Son Empire tous les Monſtres, & ſur tout celuy de l'Hereſie. Elle a pour titre.

HÆRESEON DOMITORI.

La ſeconde eſt une Minerve, Symbole de Sa Sageſſe conſommée, & au deſſus.

CONSILIORVM PRÆSIDI.

La troiſiéme eſt un Mars pour repreſenter Sa Force invincible dans les Combats avec ces mots.

HOSTIVM DEBELLATORI.

Dans la quatriéme ſur un Marbre on lit ces paroles.

In hac Armorum Palaſtra Ædilibus
Liberaliter applaudentibus
Ad ſplendidiorem generalis Præmij Pompam
Erexere Catapultarij Remenſes
Anno Domini M. DC. LXXXVII.
Die 15. Menſis Junij.

SUR LA FIGURE
DU BOUQUET
QUI EST UN MARS
TENANT D'UNE MAIN
LES OLIVIERS ET LES LYS
QUI SONT LES ARMES
DE REIMS,
ET POUR BOUCLIER
UN BASSIN D'ARGENT.

ENFIN devenu pacifique
Mars a mis bas & le fer & la pique
L'épouvante & l'horreur fuyant bien loin de luy
Il n'a plus d'armes aujourd'huy
Dont l'aspect à nos yeux soit sanglant ou tragique,
Il n'est plus armé que de fleurs
Ou s'il porte encor d'autres Armes
Son Bouclier n'a plus que des charmes
Et sans parer aux coups est utile aux vainqueurs.

A Monſeigneur l'Archevêque.

SONNET.

ESPRIT de qui la haute & vaſte intelligence
Ne laiſſe échaper rien à ſa vivacité;
Dont le genie actif, l'exacte vigilance,
Veut voir regner par tout la regularité.

Ta vigueur qui finis tout ce qu'elle commence
Ne ſe ſert de l'éclat de ſon authorité
Que pour faire un Clergé le plus reglé de la France,
Et pour l'établir mieux qu'il n'a jamais eſté

Quoy que depuis mille ans le plus beau de tes droits
Soit le Couronnement & le Sacre des ROYS
Daigne pour un moment deſcendre de ta gloire.

Nous combatons icy pour la ſplendeur des Lys
Ta main rehauſſera l'éclat de la victoire
En couronnant celuy qui merite le prix.

Sur le Portail de l'Eglise Cathedrale.

SONNET.

Monnument éternelle de cette grandeur d'ame
Où monta la vertu de nos divins ayeux,
Palais du Dieu vivant dans lequel Nôtre-Dame
Ne sçauroit mieux loger si ce n'est dans les Cieux.

Temple où tous les censeurs n'ont pû trouver de blame
Et qui charme par tout également les yeux.
Où du culte divin le concert nous enflamme,
Et dans tout l'univers ne se peut faire mieux.

Dans l'Empire des Lys l'Eglise sans seconde
Digne seule devoir les plus grands ROYS du monde
Depuis douze cents ans sacrez à tes Autels.

Du grand Dieux des combats obtiens nous la Courone
Qui ceigne nôtre front de Lauriers immortels
C'est chez-toy qu'on la prend, c'est chez-toy qu'on la donne.

Sur la porte d'une des aisles de la méme Eglise à droite.

Sur les pas de LOUIS venez chercher icy
    Les auspices de la victoire
Il n'est point de chemin pour aller à la gloire.
    Plus asseuré que celuy-cy.

Sur la Porte l'autre aifle de la méme Eglife à gauche.

Vous qui cherchez à vaincre en ces combats d'honneur
En vain vous entrez dans la lice,
Si le Ciel invoqué n'eft à vos coups propice.
N'efperez point au titre de vainqueur.

A Monfeigneur le Maréchal, Duc de Vivone, Gouverneur de Champagne.

DUc à qui le plus grand des Princes
A confié le foin d'une de fes Provinces,
Ta fortune n'eft pas l'ouvrage du hazard,
Ton feul merite & ta haute naiffance
Y peut pretendre quelque part;
Tu leur dois le bâton de Maréchal de France,
Tu leur dois ce vafte pouvoir
Que tu peux exercer & fur mer & fur terre,
En temps de paix en temps de guerre,
Et fi par là l'on t'a pû voir
En Sicile autre fois la terreur de l'Efpagne,
On te voit aujourd'huy l'amour de la Champagne.

A Monsieur le Comte de Lhery Capit.
Commandant pour le Roy.

SONNET.

ILLUSTRE Combattant pour occuper la place
  Du meilleur, du plus sage & du premier des Rois,
Que l'Histoire ou la Fable ayt vantez autrefois,
Il falloit un Heros d'une invincible audace.

Ce que dans cent Combats les braves de ta race
Font par terre & par mer dans l'Empire François,
Tu le fais aujourd'huy pour soûtenir les droits
D'un bras qui d'un seul coup tous les Cesars efface.

Songes que c'est tenir un poste des plus hauts
Que de tenir celuy du plus fameux Heros,
Et du plus glorieux que le Ciel ait vû naître,

Il faut te signaler par des faits inoüis.
Pour être Lieutenant de l'auguste LOUIS,
Car le coup d'un tel Roy demande un coup de maître.

Sur l'Hôtel de Ville.

CONTEMPLEZ ce pompeux ouvrage,
      Où l'art étale ses tresors,
      Où la Majesté du dehors,
De l'ordre du dedans est le parfait Image.

A Monſieur Favart Seigneur de Riche-bourg, Lieutenane des habitans.

GOUVERNER avec ſoin une puiſſante Ville,
Se voir d'un corps illuſtre & le chef & l'appuy,
Aprés trois ans entiers l'être encor aujourd'huy,
Dans un poſte ſi beau ſe rendre à tous facile,
  Ceux qu'on ſurpaſſe par le rang
  Les ſurpaſſer par le merite,
  Gagner par ſa ſage conduite
L'eſtime, l'amitié du petit & du grand;
Eſtre dans l'embaras, mais ſans inquietude;
Joindre aux ſoins du public le plaiſir de l'étude;
C'eſt ce qu'on peut trouuer rarement autre part
  Qu'en l'illuſtre FAVART.

A Monſieur Frizon Capitaine en chef.
STANCE.

DEPUIS un ſiecle ou deux on a dans ta Maiſon
Choiſi des Commandans pour mettre à nôtre têtᶜ
Tes liberalités, & ta maniere honnête,
Ne dementent en rien les vertus de ton nom,
Ton genie eſt de ceux qui font plus d'une choſe,
Il connoit les bon Vers & la plus fine Proſe;
Et ſçait à l'entretien donner un tour charmant,
Ayant fait tout l'honneur du Jeu de l'Arquebuze;
Tu viens au Cabinet pour retrouver ta Muſe,
Et ta main tire, écrit, & donne également.

        A Monſieur

A MONSIEUR LE FRANC
ROY DE LA COMPAGNIE.

IL eſt ingenieux, il eſt brave, il eſt franc,
De tout par ſon adreſſe il devient triomphant,
  Son bonheur ne ſe peut comprendre,
Par tout victorieux, le Noir comme le blanc,
De ſes yeux, de ſa main ne ſçauroit ſe défendre,
Rien n'échape aux ardeurs de ce fin Conquerant,
  Juſques aux cœurs il ſçait tout prendre,
A tant d'heureux ſuccez le Ciel l'a deſtiné,
  Faiſons gloire de Nous y rendre,
Et par des mouvemens d'un amour noble & tendre,
Couronons le vainqueur de l'Oiſeau couroné.

A MONSIEUR DE LASALLE
CAPITAINE LIEUTENANT.
Sur la Deviſe de ſes Armes, qui ſont trois
Chevrons briſez à moitié.

INDIVISA MANENT.

MAlgré les vains efforts qui voudroient nour briſer
  Par une ferme reſiſtance
  Quon ne ſçauroit aſſez priſer
  Nous ferons voir noſtre conſtance.
Par un commun accord nous nous ſervons d'appuy,
  Et tels qu'on nous voit aujourd'huy
Tels ſerons nous toûjours dans les ſiecles futures
Sans ſouffrir entre nous ni troubles ni ruptures.

       D

A Monſieur Dorigny Dapitaine Enſeigne.

SECONDE' de l'adreſſe, & ſeur de la victoire
Tu l'emportes par deſſus tous;
Et dans le combat de la gloire,
La fortune jamais n'eut de part à tes Coups.
Mais c'eſt aſſez combatre en ce noble exercice,
Tu peux dans une autre Milice
Ou pour but de tes Coups. tu n'auras que des cœurs,
Paſſer les plus fameux vaiqueurs.

Sur une des Portes de la Ville, appellée la porte Ceres.

ILLUSTRES Chevaliers de qui la noble envie
Vien diſputer le Prix au plus charmans des Jeux.
Entrez ſans plus tarder, Ceres vous y convie,
En offrant ce qu'elle a de plus rare à vos yeux.

Ses treſors étalez dans ces vaſtes Campagne,
Et nos fameux Coteaux d'où Bachus à ſon tour
Fait couler tous les ans le Nectar des montagnes,
Sont un gage aſſuré d'un abondant ſéjour.

Sur ce Portique ancien nôtre bonne Deeſſe,
Et ce Dieu ſi vanté qui preſide aux Flacons,
Pour vous mieux recevoir ſont venus avec preſſe
Juſques deſſus nos Murs vous preſenter leurs dons.

Au deſſus de la Porte de Veſle.

ENTREZ illuſtres Chevaliers,
La gloire vous attend avec impatience
    Pour vous couronner de Lauriers.
Telle étoit des Heros jadis la recompenſe
    Lors qu'ils couroient au champ de Mars
    Lors qu'aux plus horribles tempêtes,
En ſignalant leur bras ils expoſoient leurs têtes,
Et cherchoient de de l'honneur au milieu des hazards.
Icy point de peril, une innocente guerre
Eſt ce qui va remplir de vôtre nom la terre;
    Icy l'adreſſe au lieu de la valeur
    Conduira vos bras & vos Armes :
    Et ſans verſer ny ſang ni larmes
Vous fera du Combat remporter tout l'honneur.

Au deſſus de la Porte du Jardin, où l'on voit une Renommée tenant des Lauriers & des Trompettes.

VENEz braves Gueriers & ſuivis du bonheur
    Aſſurez-vous du ſuccez de vos armes;
La carriere eſt ouverte, & dans le champ d'honneur
    Nos Lauriers verds vous preſentent leurs charmes.

Voicy fur ce Jardin la Deeſſe à cent voix,
  Qui n'attend plus que vos nobles conquêtes:
Et pour les publier en mille & mille endroits,
  Ouvre déja cent bouches toutes prêtes.
Elle attend le moment propre à vous couronner;
  Hâtez-vous donc, la gloire vous appelle;
Et quand elle n'auroit aucun prix à donner,
  C'eſt un honneur de courir aprés Elle.

Au deſſus du lieu d'où l'on tire à la premiere Bute qui eſt celle du Jardin.

EMBLEME.

UN Cupidon tirant dans un cœur avec un Creſpé ſur les yeux, pour exprimer la maniere de tirer des Chevaliers.

MELIVS SIC DIRIGIT ICTVM.

Le voile obſcur qui couvre ma paupiere
'N'empêche pas mon Coup, & je porte où je veux;
  S'il me derobe la lumiere,
Je n'en ſuis pas moins ſeur, & mes traits frappent mieux;
Quand, de peur que quelqu'un ne me rompe en viſiere,
Je mets un bandeau ſur mes yeux.

Au deſſus de l'autre endroit d'où l'on tire à la ſeconde Bute.

DEVISE.

UN cailloux qui frappe l'eau en faiſant des ronds à chaque coup avec l'inſcription Italienne.

CHI MI BATTE' SI CORONA.

Souvent de me frapper on ſe fait un plaiſir
Et ce qui dans pluſieurs fait naître ce deſir,
C'eſt que pour les coups qu'on me donne,
Qui me frappe je le couronne.

Premiere Inſcription à côté du Noir ou Panton ſur lequel on tire.

SPLENDOR AB OBSCVRO.

JE ſuis noir, & pour tant de mon obſcurité
On ſe fait un éclat, qui rend un Nom illuſtre;
Plus on eſt prés de moy, plus on en eſt vanté,
Et tout noir que ſuis, je ſçay donner du luſtre.

II. Inſcription à l'autre côté du Noir.

PRO PLAGIS MVNERA REDDO.

SANS ceſſe l'on m'attaque, & toûjours bien-faiſant,
Pour chaque coup mortel qu'un ennemy me porte,
Bien loin de me vanger je prepare un Preſent,
Et s'il me frappe mieux, c'eſt luy ſeul qui l'emporte.

Autre Inscription pour le Noir de la seconde Bute.

CENT contre moy bandez, & moy feul contre cent,
En vain pour leur parer, je prefente ma Broche :
Quand on en a des coups, on les reçoit content,
Et celuy qui me frappe, eft toûjours mon plus proche.

Sur la Chambre du Confeil où l'on juge des coups.

UNE Balance en equilibre foutenuë par une main, avec l'infcription.

CUIQUE SVVM REDDO.

JE n'agis point à l'avanture,
Sans bien pefer je ne juge de rien,
Et par une fidelle, & conftante droiture
Je fçais rendre à chacun le fien.

SUR L'ENDROIT
OU SE FERA
LA COLLATION
AUX CHEVALIERS
DANS LA MARCHE.

STANNCE.

Le Duël de Mars & de Bachus.

ICY Mars & Bachus difputans pour la Gloire,
   Preparoient de fanglans combats;
Mais Mars prevoyant bein qu'il perdroit la victoire,
   Dit à Bachus, mettons les Armes bas.
   Oüy, dit Bachus c'eft eftre fage,
   Sans faire icy les fanfarons,
Par d'autre coups montrons nôtre courage
'entens les coups frequens, qu'à longs traits nous boirons.

Fais ceder tes tambours, au son de mes bouteilles,
    Ce tintamare ne me plait pas.
C'est trop long temps en vain étourdir mes oreilles,
    Beuvons ensemble, & pendant le repas,
    Entonnons une autre Musique,
      Le son des pots & du tonneau,
Est justement le concert pacifique,
Capable aprés ce bruit d'affermir mon cerveau.

⁂

A ces mots, on s'embrasse, ou vuide la querelle,
    Et depuis ces bienheureux jours.
Mars & Bachus ont fait une tréve fidelle,
    Qui dure encor & durera toûjours.
    Pour renouveller cette histoire
      On vous invite enfans de Mars,
De joindre icy le secret de bien boire,
A celuy de courir aux glorieux hazards.

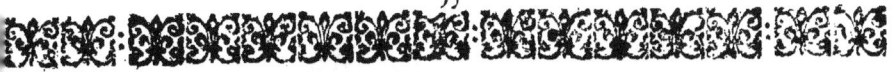

EMBLEMES
PEINTES DANS L'ENCLOS
DU JARDIN
SUR DIFFERENTS SUJETS

I. *EMBLEME.*
SUR LA SANTE' DU ROY.

LE Soleil qui retourne à l'horloge Dachas pour marquer que c'est un coup du Ciel que sa guerison.

MVLTOS VT VIVAT IN ANNOS,

France ne crains plus rien, malgré les destinées,
Par un second miracle à celuy-cy pareil,
Le Ciel a de ton R O Y prolongé les années,
Faisant encor pour luy retourner son Soleil.

Premiere Devise, Accompagnant cette Embleme.
Une tige de Lys que les vents agitent sans pouvoir l'ar-
racher, pour marquer sa constance Royale.

CONCVTIOR NON DEIICIOR.

Seconde Devise, Un Soleil dissipant les nuages & les
broüillars qui vouloient le cacher.

POST NVBILA CLARIOR

E

II· *EMBLEME.*

Sur la Joye commune de Reims, à l'occasion de la santé DU ROY.

LA Ville de Reims repréſentée par une Nymphe, tenant l'Ecuſſon de la Ville qui ſont des Lys & des Oliviers, & les preſentant à un Soleil ſortant de ſon Eclipſe.

TVA ME LVX VNA SERENAT.

Senſible à ta langueur, je languis avec toy,
Courant le même riſque, & la méme avanture;
Mais un de tes regards arrété deſſus moy,
Me rend en un moment mon ancienne parure.

Premiere deviſe, Un Olivier tiré des Armes de la Ville, penché ſous un Soleil à demi éclipſé.

CVM LANGVENTE IACET.

Seconde deviſe, Le méme corps, ſous un Soleil ſortant d'Eclipſe, & les branches de l'Olivier qui ſe relevent.

CVM REDEVNTE RESVRGIT.

III. EMBLEME.

Sur la Joye particuliere des Chevaliers & l'interêt qu'ils prennent à la santé de Sa Majesté.

DEs Joüeurs d'Echets, dont le plaisir consiste à voir le Roy du Jeu en seureté.

REGE INCOLVMI.

D'un appareil guerier ; le spectacle innocent
A pour nous divertir des plaisirs & des Charmes,
ur tout, quand degagé d'un peril menaçant,
Nôtre ROY délivré fait cesser nos allarmes.

Premiere devise, Sur le méme sujet.
Des Cocqs battants des aisles & chantans au retour du
oleil sur l'Horison.

TESTAMVR GAVDIA PLAVSV.

Seconde Devise, Sur le même sujet.
Des Alcions qui joüent sur mer aprés la tempête.

POST PERICVLA LVDVNT.

IV. *EMBLEME.*

Reprefentant la Reünion des deux
PRIX.

E L L E a pour corps les figures des deux Bouquets, avec les Armes de la Ville qui les unit enfemble & pour devifes les paroles de Claudien.

——————————————— QVÆ DIVISA BEATOS EFFICIVNT COLLECTA TENES.

De deux Villes jadis par un heureux partage;
Nous faifions tour à tour le bonheur non commun,
Mais Reims feule, entre mille, aura cet avantage,
Que pour mieux l'honorer, on nous unit en un.

Premiere devife, Accompagnant cette premiere Emble-me. Deux Palmiers penchez l'un vers l'autre.

EST VTRIQVE DECVS IVNGI.

Seconde devife, Pour fignifier la méme union.
Le Signe des deux Jumeaux, qui eft celuy qui domine pendant la celebrité du Prix.

IVNGVNTVR IN VNVM.

V. EMBLEME.

Sur le bonheur des Victorieux.

LA course des Chariots aux Jeux Olympiques, avec ces mots.

E PLURIBVS ACCIPIT VNVS.

De tous ces Chars poudreux qui roulent file à file,
Chacun du bel honneur également épris,
Cour au But pour l'avoir, mais un seul entre mille,
Conduit par la Victoire, emportera le Prix.

Premiere devise, Accompagnant cette Embleme, pour signifier les disputes en matiere de coups.

La Pomme de discorde, & à l'entour pour Devise.

DETVR DIGNIORI.

Seconde devise, Pour exprimer qu'il faut peu pour perdre l'avantage de son Coup.

Une Balance un peu penchée.

A MINIMO PENDET.

❋❋❋❋❋❋❋❋❋❋❋❋❋❋❋❋❋❋❋❋❋❋❋

VI· *EMBLEME.*

Sur le plaifir du Jeu de l'Arquebuze.

REPRESENTE' par une courfe de Vaiffeau fur Mer
qui eft la Naumachie des anciens.

RECREO QVOS EXERCEO.

Encor qu'il foit penible à chacun mon Jeu plait,
Et fans leur propofer ni Palme ni Couronne,
Pour payer leur travail, je n'ay point d'autre attrait
Que les charmes fecrets du plaifir que je donne.

Premiere devife, A côté de cette Embleme pour fignifier que ce Jeu tout guerier qu'il eft n'a rien que d'agreable,
Pour corps un Jeu d'Echets, & pour ame,

SUNT PRÆLIA LVDVS

Seconde devife, Pour fignifier la même chofe,
Une Trompette qui divertit en temps de paix, De même
qu'elle a épouvanté en temps de guerre.

RECREAT QUÆ TERRUIT.

VII. *EMBLEME.*

Sur l'Emulation de ceux qui preten-
dent au Prix.

UNE Courſe à pied dans le Cirque, où pluſieurs
aſpirent à l'honneur de ſe ſurpaſſer les uns les
autres.

Un ſeul parle.

PLVRES SVPERASSE DECORVM EST

Jamais le deſeſpoir ne me fit perdre cœur,
L'eſperance toûjours me promet la Victoire
Et pour bien meriter le titre de Vainqueur,
Plus j'auray de Rivaux, plus j'en auray de Gloire.

Premiere deviſe, Signifiant la même choſe.
Une meute de chiens courant aprés un Cerf à l'envy
l'un de l'autre.

IDEM. OMNIBVS ARDOR.

Seconde deviſe, Des Cicognes qui ſe diſputent un
ſerpent.

NON PATIOR SOCIVM.

VIII. *EMBLEME.*

Sur le des-intereſſement & la generoſité des Chevaliers.

UN E Courſe de Bague à cheval,
      C'eſt un Chevalier qui parle.

MIHI GLORIA MERCES.

Un noble eſpoir m'anime, & mon cœur genereux
Ne fut jamais touché d'un gain pour recompenſe,
Le ſeul nom de vainqueur, eſt le Prix glorieux
Qui fait agir mon bras, & dirige ma Lance.

    Premiere deviſe, Sur le même ſujet.
    Un Lyon, autour duquel pluſieurs animaux ſont
terraſſez.

SAT VICISSE.

    Seconde deviſe, Une main arrachant des Palmes ſans
toucher aux Fruits ; pour dire qu'on ne cherche que
l'honneur.

FRVCTVM ALII QVÆRANT.

IX. EMBLEME.

L'Utilité de cét Exercice.

REPRESENTE'E par un combat de Gladiateurs qui s'exercent avec des Fleurets.

FICTIS PROLUDIMVS ARMIS.

Dans le sein de la paix, avec des Armes feintes ;
Nous exerçons nos bras à des exploits gueriers ;
Afin que toûjours prêts, parmy d'autres atteintes
Nous allions avec Mars, moiſſonner des Lauriers.

Premiere deviſe, A côté de cette Embleme.
Des Abeilles qui combattent en voltigeant à l'entour de
leurs ruches.

PRO REGNO ET REGE.

Seconde deviſe, Une Aigle qui va au Soleil à traver le
feu & les Tonneres, repreſente l'ardeur des Chevaliers à
ſuivre le ROY dans ſes Conquêtes quand il en ſera
beſoin.

AVDENTIOR IBO.

F

X. *EMBLEME.*

L'Efperance dont chacun fe flate.

LE Combat de la Lutte où l'on propofe des Prix & des Couronnes. Un Athlete parle.

PRÆMIA DANT ANIMOS.

Cent fois prêt à ceder, cent fois je fens renaître
Une nouvelle ardeur, fous le poids qui m'abat;
Ma vertu fe reveille; & ce qui la fait croître,
C'eft l'efpoir d'emporter le Prix de ce Combat.

Premiere devife, Sur le même Sujet. La Toifon d'Or propofée aux Argonautes.

MERCES ET META LABORVM.

Seconde devife, Pour exprimer qu'un coup peut quelquefois beaucoup gagner. Un coup de foudre ouvrant une Mine d'Or dans une Montagne.

QVAM MVLTAS PARIT ICTVS OPES.

AUTRES DEVISES
Servans d'ornemens à la Bute.

PREMIERE *Devise*. Signifiant que le succez du Jeu dépend plus des yeux que de la force.

Un Eprevier qui fond sur sa proye du haut des nuës.

PLVS OCVLIS QVAM ALIIS.

Quand du milieu des Airs j'ay découvert ma proye,
Je balance long-temps mon vol audacieux,
  Et puis soudain sans qu'on me voye
  Comme le Carreau qui foudroye,
  Je mélance du haut des Cieux ;
Et quand je réüssis je dois tout à mes yeux.

Seconde devise, La lunette d'un Pilote tourné vers l'Etoile Polaire, pour exprimer que tout le secret consiste à bien mirer.

NE DÆVIVS ERREM.

  Ma veuë attentive & discrette,
A bien guider, ma Course applique tout son soin :
  Mon Art consiste à bien prevoir de loin ;
  Et sans choisir la gauche pour la droite
  J'arrive au Port, & ne m'écarte point.

Troisiéme devise, Pour signifier le desir que les Chevaliers ont de servir leur Prince & leur Patrie.

Des Aigles qui s'égayent en l'air, & qui se font une espece de jeu de bien manier les foudres de Jupiter.

AD IOVIS OBSEQVIVM.

Ce noble Jeu qui dans les Airs
Parmy les feux & les éclairs
Nous exerce à lancer la Foudre;
Est pour nous un Prelude; & si pour nôtre Roy
Il faut en faire un autre Employ,
Par nous ses ennemis seront reduits en poudre.

AUX DAMES.
QVATRIN.

VOus qui faites les beaux jours
Dans les plus celebres Fêtes;
Mars vous offre en ces lieux de nouvelles Conquêtes,
Beautés, amenés-y les Jeux & les Amours.

AVTRE QVATRIN.

Nous ne faisons briller que de paisibles feux
Qu'il est aisé d'allumer & d'éteindre,
J'en vois d'autres plus à craindre
Dans vos beaux yeux.

AVTRE AVX DAMES.

L'amour se plait parmy les Fêtes
Il est dans nos Jardins en Pays de Conquêtes,
Et c'est-là, qu'à plaisir il triomphe des Cœurs,
Beautés, pour peu qu'icy vous étaliés vos charmes
Soyés seures que nos vainqueurs
Seront tous les premiers á vous rendre les Armes.
Trop heureux d'ajoûter quelque Myrte à leur Palmes.

AUTRES INSCRIPTIONS
SUR DES TROPHEES
QUI SONT LES ARMES.
DES CHEVALIERS.

Les Chevaliers parlent.

Nous nous plaifons au bruit dans les temps les plus
    calmes ;
L'Image de la guerre, a des charmes pour Nous,
Sans en fouffrir les maux, Nous y cüeillons des Palmes ;
Et nous y triomphons, fans y craindre les coups.

Sur un autre Trophée.

Nous avons trop long-temps repandu les allarmes ;
Ces ufages fanglans, font contre les fouhaits ;
Aprés avoir fervy dans le Metier des Armes,
Nous fervons au plaifir, dans le temps de la paix.

Sur la Statuë de faint Antoine
Patron des Chevaliers.

Ce Saint dont on revere, en ces lieux la memoire,
Qui parmy les Combats, affura fon falut,
Veut que pour acquerir une immortelle Gloire
Le Ciel de nos Combats, foit le Prix & le But.

DANS LA GALERIE
DES ARMES

Au deſſus d'un Tableau repreſentant LOVIS LE GRAND à Cheval.

PEINTRE, qui que tu ſois, en vain tu t'es flaté,
    Du plus fameux des Rois de nous tracer l'image,
Tous les traits des Heros unis dans ton ouvrage,
Ne t'excuſeroient pas de ta temérité ;
N'eſtant point Appelles, il faloit t'en deffendre,
Il n'eſt permis qu'à luy de peindre un Alexandre.

Au deſſus d'un Tableau repreſentant Monſeigneur le Dauphin à Cheval.

Pinceaux ambitieux, qui cherchez l'avantage
De faire de LOUIS le Portraits accomplis,
Tous vos efforts ſont vains ce n'eſt que dans le Fils
Qu'on rencontre du Pere, une parfaite Image ;
Et comme entre les Rois, LOUIS eſt un Soleil,
Il n'apartient qu'à luy de peindre ſon pareil.

Au deſſus d'un Tableau de la priſe de Cambray.

Tandis que vous voyez ce brave demi-Dieu
  Venir voir, & vaincre en tout lieu,
Et ſe faire un plaiſir de l'horreur des allarmes;
Nous nous faiſons icy par un ſemblable jeu
  L'oreille au bruit, & l'œil au feu
Pour ſeconder un jour la Gloire de ſes Armes.

Au deſſus de la priſe de Valenciennes.

Ville ſuperbe, enfin réprime ton orgüeil,
Tu ne ſerviras plus à la France d'écüeil,
L'ardeur de nos Guerriers a forcé ton réfuge,
Les eaux n'ont pû borner leurs efforts genereux;
  Et pour en venger le deluge,
Ils ont fait pour ta perte un deluge de feux.

Au deſſus d'un Tableau repreſentant la Ville de Reims, ſoûs la figure d'une Deeſſe.

  A cét Air content & tranquille,
  On la connoitroit entre mille;
Et les autres jamais n'eurent tant d'agrément;
  Mais parmy ces auguſtes marques
  Qui la diſtinguent autrement,
La premiere eſt le droit de ſacrer nos Monarques.

Au deſſus de la priſe de Luxembourg.

Toy qui de la hauteur de tes ſuperbes Forts
Bravois inſolemment les foudres de la France;
Qui par un vain effet d'une aveugle arrogance;
Te croyois à l'abry de ſes plus grands efforts,
Aprens que les Rochers ſont frappez de la foudre,
Et que les plus hautains ſont les premiers en poudre.

Au deſſus de la Bataille de Caſſel.

Quand Philippes d'un cœur auſſi haut que ſon rang;
Bravant du Fer, du Feu, les terribles tempétes,
D'un frere Conquerant aſſure les conquêtes,
Et fait voir des Bourbons le veritable ſang,
De LOUIS en Philippes on reconnoit le Frere;
Et dans ces deux Heros le même Caractere.

LISTE

DES NOMS DE MESSIEURS

les Officiers, Deputez & Chevaliers du Jardin de l'Arquebuze de la Compagnie de la Ville de Reims, & des autres Villes arrivées, suivant l'ordre qui sera tenu pour tirer au PRIX GENERAL *rendu par lesdits Sieurs du Jardin de Reims, le quinzième Juin mil six cens quatre-vingt-sept.*

PREMIERS.

Bar-sur-Seine.

Seconde Brigade.

Monsieur Bourbonne Conseiller du Roy , Capitaine Lieutenant.

Monsieur Ravelet sieur des Bois carré , Capitaine Enseigne.

Messieurs Poupot, de la Perle Mouchot, Tresorier.

Et Thiebaut sieur des Miroirs.

2.

Mondidier.

Monsieur Pucelle Capitaine en chef.

Monsieur Landru, deputé.

Monsieur Vuatin Cornete.

Messieurs le Tellier,

Et Fortin,

3.

Saint Dizier.

Premiere Brigade.

Monsieur Gillet Capitaine.

Monsieur Thiebaut Capitaine Enseigne,

A

Monsieur Lucot Syndic & Deputé.

Messieurs Gillet.

S. Romain de Baudonvilliers.

De Chien le jeune.

Et Marizy.

4.
Senlys.

Monsieur Huré, sieur de Grange, Capitaine.

Monsieur le Roux, sieur de la Tournelle, Lieutenant.

Monsieur de Geresme Capitaine Enseigne.

Monsieur Lequoy, Seigneur de Haultboüillart & de Vaurichart, Connétable.

Bacoüel deputé.

Cheron Officier du Roy.

Guerin sieur de Monivet, & de Lamelette.

5.
Bar-sur-Seyne.
Premiere Brigade.

Monsieur Bailly, sieur du Mont S. Leger, Conseiller du Roy, Receveur des Tailles, Capitaine en chef.

Monsieur Boulart Roy & Deputé.

Messieurs le Texier sieur de l'Isle.

Et Loupot Sr. du Montplaisir.

6.
Sezannes.
Seconde Brigade.

Monsieur Blanchet Capitaine Enseigne.

Messieurs Huguier.

Rivot Roy.

Galien deputé.

Et Ducreux.

7.
Sainte-Menehoult.

Monsieur Dortu Capitaine en chef.

Monsieur Coulomnier Capitaine Enseigne.

Messieurs Vautié, Sergent & deputé de la Compagnie.

Guillaume, deputé.

Jossier.

Coulomnier le jeune.

Vautié le jeune.

Piot.

Regnart.
Et Migeot.

8.
Reims.

Seconde Brigade.

Monsieur le Franc Roy de la Compagnie.

Messieurs Nicolas le Franc, deputé.

Jean Bourguet.
René Eget.
Pierre le Grand.
Gerard Bricquet.
Jean Soyer,
Claude Debar.
Jean Dessain.
Jean Pierret.
Claude Meusnier.
Philippes Hibert.
François Godart.
Jean Baptiste Jobar.
Et Julien de Reims.

9.
Avenay.

Monsieur Gomé, Capitaine en chef.
Monsieur de Lespine Capitaine Lieutenant.

Jacques de Corvizart, Ecuyer Seigneur de Fleury.
Guimbert Empereur.
Messieurs Yvernel de Beaulieu, deputé.
Yvernel de Caribery.
Gomé le Cadet.
De Lespine.
Et le Baigue de la Fontaine.

10.
Sezanne.
Premiere Brigade.

Monsieur Chauveau Capitaine.
Messieurs Allart.
Houlier deputé de la Compagnie.
Rivot le jeune.
Louvart.
Et Petit Orfévre.

11.
Dormans.
Premiere Brigade.

Monsieur Denizet sieur de Lohan, Capitaine en chef.
Monsieur Denizet sieur de Lange, Capitaine Enseigne.
Monsieur Pilloys de Feüillet Roy & deputé.

Messieurs Jeoffroy de Champavin, député de la Compagnie.
Et Boileau du Châtelet.

12.

Rethel.

Premiere Brigade.

Monsieur Durant Capitaine en chef.
Monsieur Vvilquin, Roy.
Messieurs Durant de Blanmont, Syndic & député.
Gilles Peudefer, Député.
Durant ancien Chevalier.
Perin.
Roze.
Vinet.
Et Dupuis.

13.

Liesse.

Monsieur Moreau, Capitaine Enseigne.

14.

Epernay.

Monsieur Perchappe, Capitaine.
Monsieur Lepreux de Saint-George, Capitaine Enseigne.

Messieurs Jeoffroy des Essarts, député.
Tremeau de Franville.
Lepreux du Sauffey, député.
Perchappe du Fresne.
Bertin du Rocheret.
Brunet de Montigny.
Allan de Hautefontaine.
charüel du Breüille.
Et Collet du Chesne.

15.

Saint Dizier.

Seconde Brigade.

Monsieur Chasuel, Roy.
Messieurs Persin, Tresorier.
Pupin, Contrôleur.
Trouard.
Guiot, député de la Compagnie.
Et Deschien l'aîné.

16.

Chauny.

Seconde Brigade.

Monsieur Belin, Roy de la Compagnie.
Monsieur Guillaume, Lieutenant.

messieurs Maquinet.
Vaubert deputé.
Caudovoine.
Quinquet.
Cabotin.
Et Belin.

17.
Montmirail.

Monsieur Morot Capitaine
en chef.
Monsieur Perot S. de Molin-
cour, Capitaine Enseigne.
Messieurs Durouveau, deputé.
Fatou Tresorier.
Naudé Prevost.
Et De Labre, sieur des Co-
querons, Sergent.

18.
Vitry.

Premiere Brigade.
Monsieur Labé, Cap. en chef.
Messieurs Guillaume, deputé.
Tixerant.
Derozier.
Le Fevre.
Moreau.
Senet.
Guillaume le jeune.
Et Thion.

19.
Nogent sur Seine.

Monsieur Massey, Capitaine
Enseigne.
Le sieur Guenard.

20.
Chaalons.

Monsieur Gayet, sieur de Pla-
gny Capitaine.
Monsieur Michel, Conseiller
du Roy, Contrôleur ge-
neral des maréchaussées en
Champagne & Brie, Capi-
taine Lieutenant.
Monsieur Dubois, Roy.
Messieurs Adnet Tresorier.
Guyot Tresorier, deputé.
Adnet, Sergent.
Picart.
Broq.
Strapart, deputé.
De Villers.
Et Hutier de S. Loüis.

21.
La Ferté Milon.

Monsieur de Sacy, Capitaine
Lieutenant.
Monsieur Soliez Camelan,
Capit. Enseigne.
Messieurs Legivre de Mont-

mafroy, deputé.

Meſſieurs de Sacy de la Tournelle.

Legivre de la Logete.

Et Regnaud de Rollard.

22.

Rhetel.

Seconde Brigade.

Monſieur Landragin , Capitaine Lieutenant.

Monſieur Dubus , Capitaine
Enſeigne.

Meſſieurs Peudefer, Dauphin.

Villard Major.

Durand de Beaulieu , Connétable.

Durand le jeune.

Et Tripier de Saint Germain.

23.

Laon.

Monſieur Marteau , Capitaine.

Monſieur Marquete , Roy.

Monſieur Botté , Lieutenant.

Meſſieurs Moroy, Connétable.

Fouquet.

Legros , deputé de la Compagnie.

Deſmont.

Gambart l'aîné.

Triſtrant , deputé.

Gambart le jeune.

Et Moroy le jeune.

24.

Reims.

Troiſiéme Brigade.

Monſieur de la Salle , Capitaine Lieutenant.

Monſieur Pierre Anger, deputé.

Monſieur Henry Favart , deputé.

Meſſieurs Jean Jouglet.

Jacques Caillet.

Marcq Anthoine.

Vandeſtrique.

Clement Fillon.

Nicolas Petit.

Jacques Faciot l'aîné.

Jacques Faciot le jeune.

Pierre de la Croix.

Guillaume Polonceau.

Robert le Roux.

Et Nicolas Tauxier.

25.

Compiegne.

Monſieur du Rut , Capitaine.

Monſieur de Bournouville, Enſeigne.

Monsieur Picart, Cornete.

Monsieur Debeauval, Roy.

Messieurs Demor.

Heverard.

Picart, député de la Compagnie.

Debilly, aussi deputé.

Dufeu Prince.

Caron.

Et Couppy.

26.
Villenauxe.

Monsieur Graffault, Capitaine.

Monsieur Dequeulx, Roy.

Monsieur Baudoüin, Capitaine Enseigne.

Messieurs Baron, ancien Chevalier.

Petit, député de la Compagnie.

Poupelier.

Rivot de la Medaille.

Chenuat l'aîné, député de la Compagnie.

Chenuat le jeune.

Et Baron le jeune.

27.
La Ferté Gauchée.

Monsieur Corbillon, Capitaine en chef.

Monsieur Honnet, Capitaine

Enseigne.

Monsieur Bougis Sergent de bande, député de la Compagnie.

Monsieur Garnot Chevalier.

28.
Crespy en Valois.

Monsieur Mengin, Major de Crespy.

Monsieur Mengin Roy, deputé.

Monsieur Dubois Enseigne.

Messieurs Lavoisier Connétable.

Dubief Sergent, deputé.

Foulon.

Charpentier.

Paillot.

Bertaut.

Vaillant.

Mourette.

Et Parent.

29.
Reims.

Sixiéme Brigade.

Monsieur Thierion, Connétable.

Monsieur Nicolas Savoye, Sergent.

Monsieur Julien Caillet , de-
puté.
Messieurs Etienne Dubois.
Bouchet.
Thomas Soyer.
Bailla.
Charlet.
Oudart Benoist.
Jean Faciot.
Paul petit.
Duval l'aîné.
Oudart Jobart.
Claude Rousselet.
Et Nicolas Gard.

30.
Maizieres.

Monsieur Tonvoy, Capitaine.
Monsieur Chauvet , Roy.
Monsieur Doucet , Capitaine
Lieutenant.
Monsieur Salmon , Capitaine
Enseigne.
Monsieur Duban , Dauphin.
Monsieur Colin , Connétable
& Deputé.
Monsieur Remuée Sergent.
Monsieur Saingery , deputé.
Messieurs Bisson.
Noel.
Adam.

Lépagnole.
Regnaut.
Petit.
Et Remuée l'Ingenieur.

31.
Noyon.

Monsieur Sezille , Capitaine.
monsieur Delaisne, Lieutenant
Monsieur Mannier, Enseigne.
Monsieur de Chilly , Lieute-
nant d'Enseigne.
monsieur du Croiset, Cornete
Messieurs Morel.
Lebrun , deputé.
Le Fevre.
Decaisne , deputé.
Meniole l'aîné.
meniole le jeune.
Et Sezille.

32.
Fismes.

monsieur Arlaut, Capitaine en
chef , deputé.
monsieur Billet, Cap. Enseigne.
monsieur Pillois , Roy.
monsieur Billet de Lisle , deputé de la Compagnie.
monsieur Dubois Lambert ,
Connétable.
monsieur Bietry de la Courbau-
che,

che, Connétable.
Messieurs Baron de la Gre-
noüillere.
Carpreau de Chailleaux.
Thubé la Ligniere.
Et Haveau Dourq.

33.
Vitry.
Seconde Brigade.
Monsieur Jacobé, Capitaine
Lieutenant.
Monsieur Culot, Roy.
Messieurs Cottedefert, Tre-
sorier.
Jacquemart, deputé.
Bexchefer.
Poignant.
Jacquemart le jeune.
Gerard.
Perard.
Jean le Maire.
Et Guillaume Vannel.

34.
Chauny.
Premiere Brigade.
Monsieur Guilaume Capitai-
ne en chef.
Monsieur le Couvreur, Ca-
pitaine Enseigne,
Monsieur Goüillart, Cornete

Messieurs Nicolas Guillaume
deputé.
Demory.
Roger.
Jean Guillaume.
Garde.
Et Coüillette.

35.
Vertus.
Monsieur Ploix, Capitaine
Lieutenant & Roy.
Monsieur le Maistre, dit le
Turq, Capitaine Enseigne.
Messieurs Filcart, deputé.
Le Seure, deputé.
Pascal, Tresorier.
Cazin.
Deu.
Legrand.
Chaulaire.
Chastillon.
Dupuys.
Et Toupet.

36.
La Ferté an Col.

Monsieur Meusnier, Capi-
taine en chef.
Monsieur de Cheverry, Roy,
Capitaine Enseigne.

B

Messieurs Dorigny, Trésorier & deputé.

Fasquel.

Geuvin.

Et Vaillant, Greffier.

37.
Meaux.

Monsieur Mondolot, Capitaine en chef.

Monsieur Durand, Capitaine Enseigne.

Messieurs cretois, deputé.

Patron.

De Convenance.

Loret.

Thibault.

Leger.

Bridou, deputé.

Gibert l'aîné.

Et de la Norville.

38.
Reims.

Cinquiéme Brigade.

Monsieur Carbon, ancien Connétable.

Messieurs Dambraine, sieur de Fescamp, deputé.

Nicolas Bruyan, deputé.

Antoine Lelarge.

Jean Maillefert.

François Levesque.

Jean Rousselet.

Claude Rozet.

Hierôme Lavocat.

Branloteau.

Moreau.

Daniel Soyer.

Duval le jeune.

Philippes Chapron.

Vincent.

Et Nicolas Bourgongne.

39.
Ferre en Tardenois.

Monsieur de Leyborne Capitaine en chef.

Monsieur Petit de Marquemont, Lieutenant.

Monsieur Patureau de Chamery, Enseigne.

Monsieur Petit de Ciry, Empereur.

Messieurs du Bary Lagoberge, Prevôt.

Jeoffroy Draganne Trésorier.

Petit Deputé.

Carendas de Lamote.

Cheron des Tournelles.

Allart Desmolins, deputé.

Allart du Montmadame.
Bonny de Saint Loüis.

40.

Troyes.

Monfieur Maillet, Capitaine.
Monfieur Matagrin, Roy.
Meffieurs Labrun, deputé.
Taffin, deputé.
Martinot, Treforier.
Garnier.
Cherot.
Taffin le jeune.
Cherpy.
Et Cautelle.

41.

Charleville.

Premiere Brigade.

Monfieur Coulan Commiffai-
re des guerrees, deputé.
Meffieurs Coliffart.
Belomé, deputé.
Rouffeau.
Defmarchet.
Dorizy.
Rude.
Noizet.
Et Baftien.

42.

Charleville.

Seconde Brigade.

Monfieur Collart, deputé.
Meffieurs Barthelemy Carbon.
Jacques Carbon.
Miet.
Cochnart.
Devin.
Beniffein.
Et Robert le jeune.

43.

Soiffons.

Monfieur Barbier, Capitaine.
Monfieur Pennier, Lieutenant
Monfieur Charré, Enfeigne.
Meffieurs Berrengier, deputé.
Barbreux, deputé.
Leftocart, Roy.
Canneau Empereur.
Quinquet.
Le Clercq.
Dupont.
Levefque.
Pourcele.
Chreftien.
Et Remy.

44.

Suippe.

Monfieur Maffon, Capitaine

en chef.

Monsieur Patin, Capitaine Lieutenant.

Et Monsieur Oudin, Greffier.

45.
Cormicy.

Monsieur Jean le Franc, Capitaine en chef.

Monsieur Antoine Richart, Capitaine Lieutenant.

Monsieur Pierre le Clerc, Capitaine Enseigne.

Messieurs Jean le Vasseur connétable, deputé.

Jean Cornet, Sergent.

Nicolas Pieron, deputé.

Michel Geoffet.

Simon de la Haye.

Pierre Busquin.

Et Claude Hosse.

46.
Braine.

Monsieur Potier, Capitaine en chef.

Monsieur Hoguet, Capitaine Enseigne.

Messieurs Bertrand, deputé

Charpentier l'aîné.

Fenal.

David.

Charpentier le jeune.

Copineau.

Et Lequeustre.

47
Reims.
Quatriéme Brigade.

Monsieur Dorigny Capitaine Enseigne.

Messieurs Joseph Lapoule, Sergent major.

Nicolas Cloquet deputé.

Philippe Dorigny deputé.

Estienne Falon.

Raymont Laurent.

Nicolas Genot.

Claude Briquet.

Martin le Gros.

Jean Sutaine.

Jean Clocquet.

Rigobert Soyer

Jean de Laître.

Claude Solet.

Et Jean Taillet.

48.
Reims.
Premiere Brigade.

Monsieur Frizon, Capitaine en chef.

Meſſieurs Henry de Laître, deputé.
Pierre Frizon, deputé.
Nicolas Caſteau.
Euſtache Mopinot,
Eſtienne Voüet.
Nicolas Guimbert,
Pierre Poitevin.
Jean Jouvant.
Eſtienne le Flanc.
Jean Taillet.
Jean Chevenot.
Regnaud Barbreux.
Charles Delahaye.
Et Rigobert Havart.

49.
Corbeil.

Monſieur Darbonne Capitaine.
Monſieur Darbonne Enſeigne.

50.
Condé.

Monſieur Tournant ſieur de Boullau Capitaine en chef.
Meſſieurs Pierre de Saintecques du Bois, deputé.
Loüis Roüillon ſieur de la

Fontaine.
Eſtienne Picot Labrie.
Claude Boquet Deſmarets,
Et Gilles Debonneſoy de Maiſon Neuve connétable.

51.
Aviſe.

Monſieur Simon Capitaine.
Monſieur Jean Vinet Enſeigne.
Meſſieurs Jean Quinet, Sergent & deputé.
Pierre Quinet chevalier.
Paſquet Routier.
Et Fanier.

52.
Saint Denys.

Mr. De la Porte connétable.

53.
Provins.

Monſieur Becel de Marolle, ancien commiſſaire des guerres, capitaine en chef.
Monſieur Guerin ſieur de coperdrix, capit. Lieutenant.
Monſieur Pointel capitaine Enſeigne.
Meſſieurs cherault deputé.
Simon, Treſorier.
Nyvert, Treſorier.

Fauchon.
Pingueret, deputé.
Lemaire.
Guyot.
Bourgongne.
Et Robinot.

54.

Dormans.

Seconde Brigade.

Monsieur Mirgault sieur de Miramont Capitaine Lieutenant.
Monsieur Autreau, Seigneur de Vigneux Guidon.
Messieurs Deschamps de Macogny.
Le Comte Desrieux.
Crochet de la Grange aux bois deputé.

55.

Chateau-Thiery.

Monsieur Dupuis Roy.

Monsieur Julion Lieutenant.
Monsieur de la Haye Enseigné
Messieurs Moroy sieur de Jardin clos deputé.
Mardere deputé.
Le Sueur, Dugaras.
Robail des Cheneaux.
Julion de Beaujeux,
Le Givre de Marizy,
De Morguinat Courchamps.
Et Huet de Bonne.

56.

Neully Saint Front.

Monsieur Derelincourt Roy.
Monsieur Delinereuze Lieutenant.
Monsieur Bailleux, Capitaine Enseigne.
Messieurs Viet, deputé.
Deroquerouze.
Devary, sieur de Fossé.
Et Facié.

LISTE

DE MESSIEURS LES PRESIDENS
pour le Prix General rendu à Reims, le 15. Juin 1687.

PREMIER PRESIDENT.

MONSIEUR Frizon, Capitaine en Chef du Jardin de Reims.

I. Monsieur de Leyborne, Capitaine en Chef de Fere en Tardenois.

II. Monsieur Moreau, Capitaine en chef de Mont-mirail.

V. Monsieur de Corbilion, Capitaine en chef de la Ferté Gauché.

I. Monsieur Dortu, Capitaine en chef de Sainte-Menehoult.

II. Monsieur Grafaut Capitaine de Villenauxe.

III. Monsieur Julion, Lieutenant de Château-Thiery.

IIII. Monsieur Gillet, Capitaine de Saint Dizier.

X. Monsieur Gofmé, Capitaine d'Avenay.

X. Monsieur Perchape, Capitaine d'Espernay.

XI. Monsieur Pucelle, Capitaine en chef de Mont-didier.

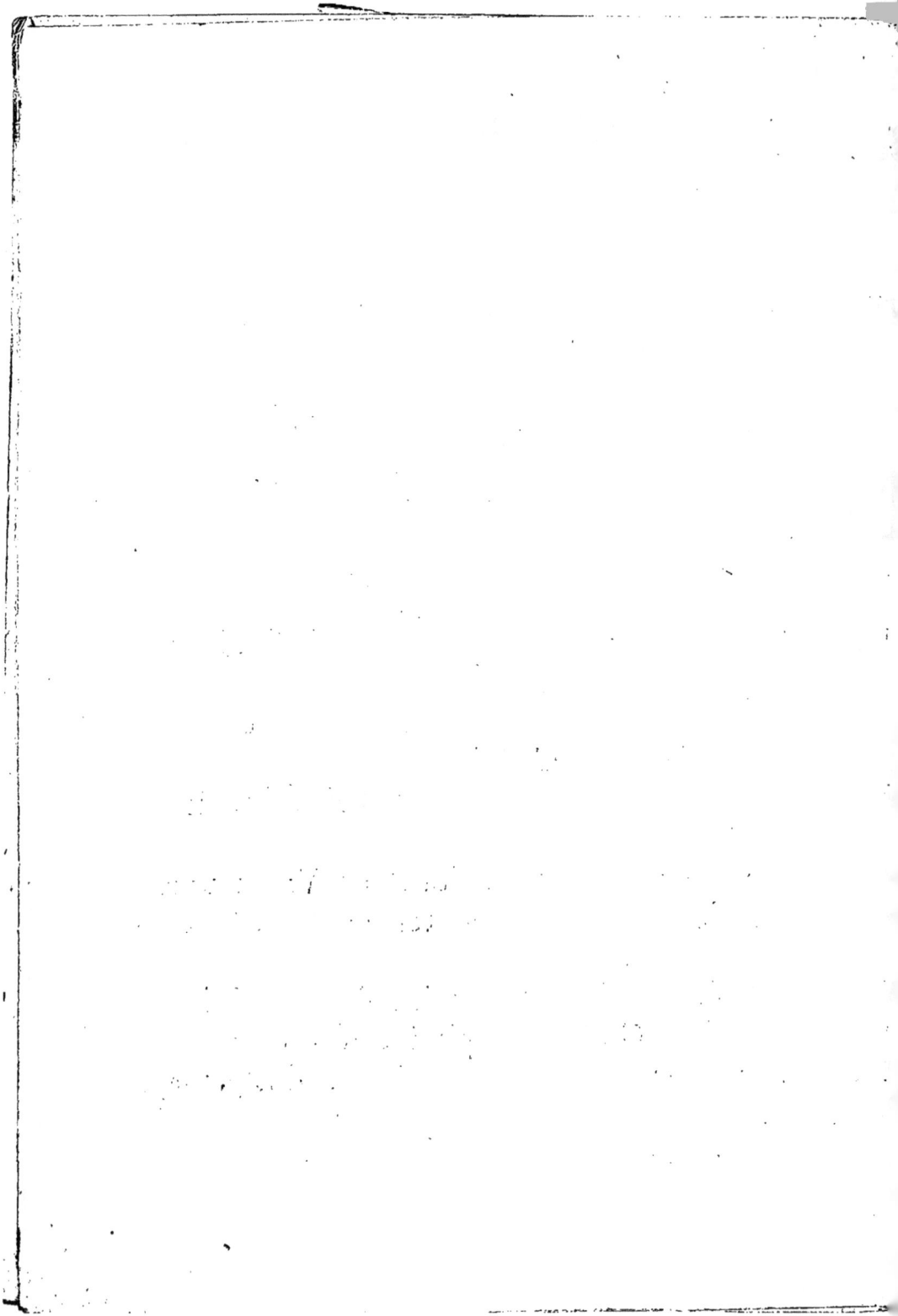

LISTE
DES NOMS
DE MESSIEURS
LES OFFICIERS
ET CHEVALIERS

DES COMPAGNIES DES ARQUEBUZIERS
des Villes venus pour LE PRIX GENERAL,
rendu par la Compagnie de Reims le quinziéme
Juin 1687. & qui ont fait des coups de Noir &
gagné des Prix.

A REIMS,
Chez JEAN LELORAIN, Imprimeur & Marchand Libraire
vis-à-vis la Poissonnerie.

DECLARATION DES PRIX.

QUATRE PLANCHES
Dont chacune est de vingt Prix, Sçavoir,

I.	UN Bassin rond, de	300. liv.
II.	Un Bassin rond,	280.
III.	Six Assietes,	260.
IV.	Un Bassin rond,	240.
V.	Quatre Flambeaux,	225.
VI.	Un Bassin rond,	205.
VII.	Trois Flambeaux,	185.
VIII.	Une Eguiere,	165.
IX.	Une Eguiere découverte à la mode,	150.
X.	Deux Flambeaux à la mode,	140.
XI.	Deux Chandeliers,	130.
XII.	Quatre Salieres à la mode,	120.
XIII.	Un Pot à eauë,	110.
XIV.	Deux petits Flambeaux de Cabinet,	100.
XV.	Une Ecuelle couverte,	90.
XVI.	Deux petits Chandeliers à la mode,	80.
XVII.	Une Ecuelle couverte,	70.
XVIII.	Un Sucrier,	60.
XIX.	Deux Tasses à deux ances,	50.
XX.	Une Ecuelle,	40.

3000.

LISTE

DES NOMS DE MESSIEURS les Officiers & Chevaliers, des Compagnies des Arquebuziers des Villes venus pour LE PRIX GENERAL, rendu par la Compagnie de Reims le quinziéme Juin 1687. & qui ont fait des coups de Noir & gagné des Prix.

PREMIER PANTON

LE premier Prix & Panton gagné par le sieur Sezille fils du Capitaine de Noyon.

Le second par le sieur Charpentier, Chevalier de la Compagnie de Crépy.

Le troisiéme par le sieur Autreaux, Seigneur de Vigneux, Guidon de la Compagnie de Dormans.

Le quatriéme par Fouquet Chevalier de la Compagnie de Laon.

Le cinquiéme par Jean Bailla, Chevalier de la Compagnie de Reims.

Le sixiéme par Claude Briquet Chevalier de la Compagnie de Reims.

Le septiéme par le sieur Pointel, Capitaine Enseigne de la Compagnie de Provins.

Le huitiéme par le sieur Filiatre, Deputé de la Compagnie de Vertus.

Le neufiéme par le fieur Michel, Capitaine Lieutenant de la Compagnie de chaalons en Champagne.

Le dixiéme par le fieur Pillois du Feüillet, Roy & Deputé de la Compagnie de Dormans.

Le onziéme par Bouchet, Chevalier de la Compagnie de Reims.

Le douziéme par le fieur Dorigny, Deputé de la Compagnie de la Ferté au Col.

Le treiziéme par le fieur Bonnefoy de Maifonneuve, Connétable de la Compagnie de Condé.

Le quatorziéme par Avaux, Chevalier de la Compagnie de Fifmes.

Le quinziéme par le Fevre, Chevalier de la Compagnie de Vitry.

Le feiziéme par Morel, Chevalier de la Compagnie de Noyon.

Le dix-feptiéme par Maquinet, Chevalier de la Compagnie de Chauny.

Le dix-huitiéme par Pouplier, Chevalier de la Compagnie de Villenauxe.

Le dix-neufiéme par Daniel Soyer, Chevalier de la Compagnie de Reims.

Le vingtiéme par Pierre Branloteau, Chevalier de la Compagnie de Reims.

SECOND PANTON.

LE premier Prix, Panton & l'Epée, gagné par Deroziers, Chevalier de la Compagnie de Vitry, ayant plombé la Broche.

Le fecond Prix & Ayde-Panton gagné par Remuée, Chevalier de la Compagnie de Maizieres.

Le troisiéme par le sieur le Roux de la Tournelle, Capitaine de la Compagnie de Senlys.

Le quatriéme par le sieur Carbon, Connétable de la Compagnie de Reims.

Le cinquiéme par Claude Rozet, Chevalier de la Compagnie de Reims.

Le sixiéme par le sieur Cretoy, Deputé de la Compagnie de Meaux.

Le septiéme par le sieur Thierion, Connétable de la Compagnie de Reims.

Le huitiéme par Dupont, Chevalier de la Compagnie de Soissons.

Le neufiéme par Moroy, Chevalier de la Comp. de Laon.

Le dixiéme par le sieur Hommet, Capitaine Enseigne de la Ferté Gauchée.

Le onziéme par Mouchot, Chevalier de la Compagnie de Bar-sur-Seine.

Le douziéme par Cautelle, Chevalier de la Compagnie de Troyes.

Le treiziéme par le sieur Dambraine de Fescamps, deputé de la Compagnie de Reims.

Le quatorziéme par Belomé, Chevalier de la compagnie de charleville.

Le quinziéme par le sieur Peudefer de la compagnie de Rethel.

Le seiziéme par Avaux, chevalier de la compagnie de Fismes.

Le dix-septiéme par Voüet, chevalier de la compagnie de Reims.

Le dix-huitiéme par Jean Baptiste Jobart, chevalier de la compagnie de Reims.

Le dix-neufiéme par Autreau, chevalier de la compagnie de Dormans.

Le vingtiéme par claude Bocquet, chevalier de la compagnie de condé.

TROISIÉME PANTON.

LE premier Prix & Panton gagné par le sieur Vuatin, cornette de la compagnie de Mondidier.

Le second par Eustache Mopinot, chevalier de la compagnie de Reims.

Le troisiéme par Pourcele, chevalier de la compagnie de Soissons.

Le quatriéme par le sieur Lequois, connétable de la compagnie de Senlys.

Le cinquiéme par Eget, chevalier de la compagnie de Reims.

Le sixiéme par Rude, chevalier de la compagnie de charleville.

Le septiéme par le sieur corvizart Ecuyer, sieur de Fleury, chevalier de la compagnie d'Avenay.

Le huitiéme par le sieur Maillefert, chevalier de la compagnie de Reims.

Le neufiéme par Avaux, chevalier de la compagnie de Fismes.

Le dixiéme par Jaques Lievrart, chevalier de la compagnie de compiegne.

Le onziéme par Lebegue, Chevalier de la compagnie d'Avenay.

Le douziéme par Quinquet, Chevalier de la compagnie de Soissons.

Le treiziéme par le fieur cloquet, chevalier de la compagnie de Reims.

Le quatorziéme par le fieur Delaiftre, Deputé de la compagnie de Reims.

Le quinziéme par Rogier, chevalier de la compagnie de chaalons.

Le feiziéme par le fieur Bertrand, chevalier de la compagnie de Braine.

Le dix-feptiéme par le fieur Hocquet, Capitaine Enfeigne de ladite Compagnie.

Le dix-huitiéme par le fieur Pucele, Capitaine en chef de la Compagnie de Mondidier.

Le dix-neufiéme par de Lefpine, Chevalier de la Compagnie d'Avenay.

Le vingtiéme par le fieur Moreau, Capitaine en chef de la Compagnie de Montmirail.

QUATRIÉME PANTON.

LE premier Prix & Panton gagné par le fieur Petit, Deputé de la Compagnie de Fere, qui a enfoncé la Broche.

Le fecond Prix & Ayde-Panton gagné par Jean Chevenot, Chevalier de la Compagnie de Reims.

Le troifiéme par Dubois, Chevalier de la Compagnie de Reims.

Le quatriéme par Carpreau, Chevalier de la Compagnie de Fifmes.

Le cinquiéme par le fieur Dambraine de Fefcamps, Deputé de la compagnie de Reims.

Le sixiéme par Hierosme Lavocat, Chevalier de la Compagnie de Reims.

Le séptiéme par Lelarge, Chevalier de la Compagnie de Reims.

Le huitiéme par Charpentier, Chevalier de la Compagnie de Crépy.

Le neufiéme par le sieur Yvernel, Deputé de la Compagnie d'Avenay.

Le dixiéme par Fouquet, Chevalier de la compagnie de Laon.

Le onziéme par le sieur Bourguet, Chevalier de la Compagnie de Reims.

Le douziéme par Bony, Chevalier de la Compagnie de Fere en Tardenois.

Le treiziéme par Marcq Anthoine, Chevalier de la Compagnie de Reims.

Le quatorziéme par Rigobert Soyer, Chevalier de la Compagnie de Reims.

Le quinziéme par le sieur Carbon, Connétable de la Compagnie de Reims.

Le seiziéme par le sieur Lucot, Syndic & Deputé de la Compagnie de Saint Dizier.

Le dix-septiéme par Genot, Chevalier de la Compagnie de Reims.

Le dix-huitiéme par Faciot, Chevalier de la Compagnie de Reims.

Le dix-neufiéme par Gueuvin, Chevalier de la Compagnie de la Ferté au Col.

Le vingtiéme par Jean Baptiste Jobart, Chevalier de la Compagnie de Reims.

RELATION

DE CE QUI S'EST FAIT EN LA ville de Laon au retour de Mʳˢ· les Arquebuziers raportans le Bouquet du Prix Général de la ville de Reims, l'an 1687.

MESSIEURS les Officiers & Chevaliers de l'Arquebuze de la ville de Reims, ayant delivré le Bouquet à la Compagnie de Laon le 24 Juin, l honorerent à la fortie d'une belle Cavalcade jufques à la Villette, & la regalerent d'une Collation magnifique. Aprés les adieux faits de part & d'autre, Meſſieurs les Chevaliers de Laon ſe mirent en marche, & ayant pouſfez ce jour-là jufqu'au Bac, en partirent le lendemain de grand matin, & prirent la route de Laon. A deux lieuës de la ville on découvrit ſur une hauteur deux eſdrons de Cavalerie qui s'avançoient en bon ordre; ces Eſcacadrons étoient compoſez d'environ deux cens Chevaux; leurs Commandans s'étant avancez pour complimenter les Chevaliers, & leur témoigner la part qu'ils prenoient à leur gloire, les reçeurent par une ſalve générale. Les Chevaliers à leur tête continuërent cette routes jufques aux Fauxbourg de Laon, où l'on fit halte pour ſe rafraichir. Cependant les Bourgeois de la Ville

A

avertis de leur arrivée ayans fermé dés le matin les Boutiques, se rangèrent sous leurs Enseignes, & prirent les armes, conformement aux Ordres de Messieurs de Ville: Toute cette Milice s'étant assemblée dans la Cour du Roy, formant un Bataillon, se mit en marche, & descendit au Fauxbourg en tres-belle ordonnance. Quatre Capitaines qui conduisoient le front de cette Infanterie, firent leurs Complimens à la Compagnie, & cette Milice ayant bordé la haye, salüa le Bouquet en faisant sa décharge. Messieurs les Officiers aprés avoir répondu à tant de civilitez, disposerent toute chose pour continüer la marche vers la Ville. Cette Infanterie défilant en bon ordre, Tambours battans, méche allumée & Enseignes déployées, gagna insensiblement le haut de la montagne. Le Bouquet porté en triomphe par quatre hommes, étoit precedé d'une bande de violons, dont l'harmonie jointe au carillon des Cloches, formoit un concert fort agréable. L'Argenterie gagné au Prix Général étoit portée aprés le Bouquet, & l'un & l'autre suivis par les Chevaliers & par deux cens Maître rangez en deux files : On y voyot à leur tête des Trompettes & Timbales, & un petit Corps de reserve fermoit cette marche, avec deux Tambours battans à la Dragonne. Ces Troupes étant arrivées au milieu de la montagne, furent salüées d'une décharge de Boëtes de la Ville, cette décharge fut réïterée par le feu de l'artillerie de la Citadelle : le bruit du Canon, de Boëttes & de la Mousqueterie attira un tres-gand concours de peuple des lieux voisins à leur entrée. Le frontispice de la porte de la Ville étoit paré de plusieurs écussons aux Armes du Roi,

de Mr. le Duc d'Eſtrées Gouverneur de la Province, &
aux Armes de la Ville, tous ornez de quantité de deviſes,
& de feſtons entrelaſſez de guirlandes de fleurs & de
feüillages. L'Hôtel de Ville, le Jardin de l'Arquebuze,
& le Logis du Capitaine étoient parez de mêmes orne-
mens. Cette belle & nombreuſe Compagnie étant entrée
dans la Ville, ſe rendit en droiture à l'Hôtel de Mr. le
Gouverneur, où Mr. l'Abbé de Noirmontier la reçût
tres-bien en ſon abſence, & témoigna par le bon ac-
cueil qui luy fit, & par ſes largeſſes qu'il répandit à
ceux qui ſervoient à cette pompe, combien de part il
prenoit à la joye publique. On prit congé de lui par
une ſalve que fit l'Infanterie; & on tranſporta le Bouquet à l'Hôtel de Ville. Monſieur le Prevôt & Meſſieurs
les Echevins reçûrent la Compagnie avec les cérémonies
ordinaires; & aprés les Complimens reciproques de part
& d'autre, une ample Collation y fut ſervie. De l'Hôtel
de Ville, on enfila la grande ruë, & traverſant dans le
même erdre toute la Ville, on eſcorta le Bouquet juſques
à l'Abbaye de S. Martin, où Monſieur le Prieur aprés
avoir témoigné beaucoup d'honnéteté à la Compagnie,
fit diſtribüer quantité de raffraichiſſemens. Enfin le
Bouquet ayant été porté en parade preſque par toute la
Ville, fut reconduit ſur la fin du jour chez le Capitaine
des Chevaliers. Le reſte de la journée ſe paſſa fort galam-
ment; on n'entendoit par tout que cris d'allegreſſe, que
concert d'inſtrumens, que bruits de Tambours, & d'armes à feu. Le ſoir, le Capitaine regala la Compagnie,
où ſe trouverent les Capitaines de Quartier; ce regal
fut ſuivi d'un Bal donné aux Dames de la Ville, qui

se retirent bien avant dans la nuit après la Collation. Le lendemain les Chevaliers de l'Arquebuze se rendirent en corps à l'Eglise des Reverends Peres Cordeliers, pour assister à une Messe solennelle qui y fut chantée en musique, où se trouva presque toute la Ville, pour prendre part aux actions de graces, comme elle avoit eu part à la gloire de ce Bouquet. L'Oyseau ayant été presenté le 6. de Juillet, selon la coûtume avec le Prix, Monsieur Marteau Prevôt Royal, & Maire perpetuel de la Ville accompagné de Messieurs les Echevins, & des principaux Habitans, tira le coup du Roi, & eut le bon-heur & l'adresse, sous le Nom du plus glorieux Monarqu qu'il y ait dans le monde, de tüer l'Oyseau de ce cou, & d'étre ainsi pour le Roi, le Roi de la Compagnie e cette année.

Illustres Chevaliers, quel insigne bon-heur,
De revenir du Prix avec ce point d'honneur,
D'avoir par le Bouquet le fruit de la Victoire!
Mais se vit-il jamais un Corps plus glorieux
Qu'est le vôtre à present, apres ce coup heureux,
Qui vous donne pour Roi, le vrai Roi de la gloire.

À REIMS,
Chez JEAN LELORAIN, Imprimeur & Marchand Libraire, vis-à-vis la Poissonnerie.

www.ingramcontent.com/pod-product-compliance
Lightning Source LLC
Chambersburg PA
CBHW070132100426
42744CB00009B/1807